붉은 서재에서

붉은 서재에서

노창수 시집

시인의 말

시야를 좁히던 터널이 끝나자 짙은 하늘과 함께 시의 장엄이 왔다.

씨앗을 넣을 광주리(筐)를 들고 둔덕을 고르다 호미질이 바뀌고서야 놀란다.

흩뿌릴 바구니 테를 붙잡은 검은 손, 꺾인 고통을 깨닫는 요즘이다. 시는 아이디어로 쓴다는 믿음으로 촘촘한 시를 원했으나 마음뿐이다. 시집 일곱 번째, 등단 43년째, 하지만 아직도 옹알이 중이다. 혜량하시길 빈다.

2015년 9월 무등 아래 상래문학방에서

차 례

● 시인의 말

제1부

안약眼藥 ——— 15
감량 실패기 ——— 16
장가계長家界 ——— 18
바람 람보 ——— 20
야, 출전 후 ——— 22
안개 몰입 ——— 24
큰놈 ——— 26
개들, 가게들 ——— 28
우두둑 ——— 29
어떤 유예 ——— 30
잠 도둑 ——— 32
숲의 마중 ——— 33

제2부

도요지에서 너를 생각한다 ─── 37
투명인간 ─── 40
오류도에서 ─── 42
돌산부터 더트다 ─── 44
치과 병원에서 ─── 46
초여름에 ─── 48
오월 무등산에서 ─── 50
새소리에 거는 목걸이 ─── 52
야경 전망대 ─── 54
끝이 아니다 ─── 56

제3부

상래相來 ──── 59
시작하는 재미 ──── 62
점심시간 ──── 64
샤넬 넘버 파이브 ──── 65
소설에 빠지고, 낮 ──── 66
오후 4시, 트위트 노래를 듣다가 ──── 67
붉은 서재에서 ──── 70
요즈음 경도된 ──── 72
운암산 찔레꽃 ──── 74
방음벽 ──── 76
터키 산맥을 넘으며 ──── 78

제4부

숯 ──── 81
감기와 기침약 ──── 82
봄비 듣는 음악 ──── 84
두근두근 오는 비 ──── 86
하악 ──── 88
키 큰 상수리나무와 도둑 ──── 90
낙엽에게 ──── 92
나는 누워서 시를 쓴다 ──── 94
혈압과 승강기 ──── 96
휴, 다락 가는 길 ──── 97
데미안의 해바라기 ──── 100

제5부

데칼코마니 연습 ——— 103
번호 없는 전화로 만나는 날 ——— 104
겨울, 우저서원牛渚書院에서 ——— 106
남자의 실낙원失樂園 ——— 108
나주곰탕을 먹는 오후 ——— 110
『정글북』을 읽는 겨울밤 ——— 112
쉿, 깰라! ——— 114
가을비 ——— 116
여행, 책 속으로 ——— 118
가을 여수 ——— 120
목련이 지는 날 ——— 122

▨ 노창수의 시세계 | 이재훈 ——— 125

제1부

안약眼藥

녹색혁명이다

적진 깊숙이 핏발 선 성벽을 타고
화살처럼 꽂힌 꼿꼿한 한 방울

십자군 전쟁이다

함성을 물고 퇴각하는 노을
전나무 숲이 베어져
칼 빛에 칭칭히 반사된다

호기심에 불사르는 비스마르크식 수염
꼬부라지는 팔의 항복
어젯밤 하찮은 전쟁을 잊고
아침엔 기똥찬 풍경들

그래, 눈이 뱉어낸 중독.

감량 실패기

아무래도 쓸데없는 욕심
빈터에 버려진 가구를 챙겨 오다
이웃 노인에게 들킨다
쯧쯧 어디다 쓰려누
순간, 비참해진다

헌 그릇을 내다 버리다가
관리인에게 들킨다
여보슈 신고할 테유
물컹, 어쩌자고!

버린 것을 줍다 들킬 때와
남몰래 버리다 들킬 때
비굴 몇 점이 운다
확, 썩은 굴비 맛이다

가벼워져야 할 시대에
무거운 언저리를 사는
머저리가
척, 이토록 밉다

투우 툭,
저울 눈금이라도 주저앉힐까
채를 잡아 두드린다
허나, 장고는커녕
그마저 고장이다.

장가계 長家界

태생의 바다가 융기하며
몰아치다 마주 서버린 기둥들
잔뜩 성이 난 신의 성기들
하늘에 받혀 냅다 지르는
만 리 밖의 오르가슴 소리

3억 5천만 년의 에너지가
수만 자궁의 지층으로부터 더듬어 와
내달리는 가슴 구멍에
불덩이를 들여온다

지난 생을 찢어내고 밀려든 봄빛처럼
아득히 깨진 머리를 달구고
뜨거워 혼절하는 미혼대 迷魂臺에 묶이어
억 억, 거친 숨결로 육욕을
게걸스럽게 채우는
저 무릉의 신령들

겁도 없다
그들보다 더 탄탄하고

지랄, 더 높은 게 없으이

바람 람보

찝찝한 더위를
모시옷 틈으로 넣자
선 선, 선선히
저도 쫓기는지 서늘함을 꾸어준다
염천을 건디다 낡은 선풍기를 트니
바람몰이가 긴 망토 위로
사정없이 쌓인 체온을 몰아내듯
찌질찌질 총질이다

방 사람은 모두 울퉁불퉁
세게 쏘지 않는다고 투정을 부리고
제 버릇 바로 고쳐준다고 탕 탕 탕
더위보다 더 법석이다

장마를 지낸 오랜 방에서는
누가 던졌는지 줄 바람총에
미친 초상화들이 다 날리고
서둘러 그를 잡아다가
창 앞에다 옮기는 사이
은행나무 벽으로 튀는

긴 총잡이들

바람, 람보다!

야, 출전 후

벚꽃 잎이 휘날리는 밤 연습장에서
평가전에 떠나간 선수들을 호명한다
빈 골대 주위에 어지러운 발자취를
알리바이나 현장검증으로
튀는 공에 맞춰 딛어 보는데, 하나씩
별빛을 훔치고 도는 꽃잎처럼
뒷굽에 붙어 으으으, 으깨진다

출전을 두고 거머쥐는 쟁투의 약속
아직 여린 손에 전하는 그들의 온기를
밤 실루엣이 알고 가슴 뭉클 태운다
땀범벅, 눈물범벅, 놓아버린 파이팅에
놓아버린 슈팅도 덮친다, 파다닥!
합숙소 현관 앞에 남은 낡은 축구화 몇
오래 내려 보다가 울컥,
황토 가루 묻힌 목울대가 속수무책 울고 있다

꽃잎에 전하는 대로 과연 이겼을까
남몰래 치른 평가전
절대치의 포효를 송곳니에 받쳐 물고

부은 발목 거머잡고 포지션을 질러 뛰지만
다음에 올 패배는 더 가깝다, 아 흔들!
상처가 눈앞에 멈추고 아이들이 까맣다

아득한 점수의 절벽에 성긴 빗발은
가슴 골짝에 맺힌 땀으로 돋아
여름밤 이별한 친구의 흑맥주 거품처럼 흘러와
귓가로 내린다, 아득한 절망
아니다, 황홀한 뿌리로 넘어진
골키퍼의 손
비로 쏟아낸 꽃잎에도 출렁, 출렁인다
하니 다소 희망.

안개 몰입

누군가 유혹할 수 있어 좋다
내 뒤에 밤을 숨겨주니 좋다
달리는 차 속에서나마
그대 속절없이 그리워하다니 안심이다
어느 해 서울행 때 나를 마중한 그대
스치는 실루엣에 버스마저 흔들리고
오늘 매화 피고 처음 맞는 사랑 싸움질이다
흰 어깨가 고쳐 우는 안개에 반동하고
아프도록 짙은 눈썹에 붙어
눈물 머금은 환상처럼 가늠쇠가 부옇다
풍경에 씌운 희미한 시선의 도금
차창 얼굴엔 전해질의 빛이 부딪혀 온다
전화도 끊고 있는 오래된 방
어슴푸른 너에게 책잡히지 않으려면
전속력으로 과녁을 뚫어야 한다
사람들의 머리로 안개가 배설한
미끄덩한 호르몬의 피
나는 고도를 기다리듯 엎어진다
순간 잽싼 트리핑 루프 아찔하다
아무도 몰래 살폿

그렇게

큰놈

어야 동상!
내 말 좀 들어보란 말이시
뭔데 그래라우?

엊저녁
도적년이 우리 큰놈을
꼬셔갔당께

어째, 밤중에 쑥국새가
지랄 맞게 울더라 했더니
그랬었구먼이라우

큰놈이 없으면 난
뭘 믿고 살아!

앗따 성님도
돌아온 함평 장날
더 큰놈 하나 사오면 되지
뭘 그라요 원 별쩍스럽게
난 얼매 전

군관산 봉수리 바윗돌 겉은
서방도 잃었구먼.

개들, 가게들

휴가 후 군가가 비인 아틀리에서처럼
고적하다 슬프다, 하여 가게가 흐리다
아침 기상 때 슬리핑백 속에서 듣다가
연병장으로 진열하는 트럼펫, 가게
개를 사이에 두고 듣는 군가가
막사 뒤에서도 이렇듯 쓸쓸하더니
오늘 낑낑대는 푸들이 상자 안에서
서로 미혹의 꼬리를 문다
머리보다 두 입은 마냥 즐겁단다
어머니 곁에서 국밥 장사를 끝내고
묵은지 내음에 젖어 집에 온 날
가게 거스름돈에 전대와 굽은 손을 굴리고
열병식 군가는 슬플 이유가 없는데도
오늘 어두운 불빛을 머금어 흐리다
하지만
가난한 휴가가 좋은 개들
어머니가 기르는 탐나는 가게들

우두둑

책상이 휘도록
쌓인 책을 읽고
상다리가 부러지도록
장만한 음식을 먹고
소파에 잠들다
아함,
기지개 켜 일어서면?

무엇이 어쩌긴 어째
관절염이지.

어떤 유예

　기회가 참 늦게도 왔네 자네 때문에 매번 김 서방은 세월 도둑을 맞았다네 힘든 라이벌에 이전투구 세상인지라 자네가 출세하면 김 서방은 늘 뒷전으로 밀렸다네 인사권자에게 김 서방은 속내를 제쳐 묻지도 않았네 입버릇처럼 늘 다음에 보자고 동기인 자네가 먼저 양보하라고만 했지 사실 자네보다 5년이나 선배인데 속상한 김 서방이었다네 하지만 그래야죠 그래야 교육이 살죠 그의 주억거림이 유일한 관대였다네 늦은 낮은 게 아니고 높은 것 우울증에서 헤어 나오려 그는 쉬임 없이 새벽 운동을 했다네 차라리 시험을 보아야 한다고 공개된 혹자는 말했다네 하지만 위안은 늘 위안일 뿐 개혁의 힘은 되지 못했네 밥그릇 수는 이미 정해졌고 수년 전 김 서방을 제치고 자네가 갈까 말까 하다가 1년 만에 승진했는데 이제 정년 무렵에야 김 서방의 자리라니 무심한 인정과 세상일세 그러 인사권자는 핑계만 대숲처럼 일깨우고 하필 그에게만 잔인한 잣대를 대는 것인지 그는 글이나 쓸 수밖에 없다며 마음을 돌렸다네 저력을 키우자고 자위하며 운동으로 인내한 지도 십 년이 되었다네 개척하고 도전해야 할 그의 글이 도피처가 될 줄은 몰랐다네 지난 중국 여행 때 악양루에 올라 동정호를 바라보고 세월도 놓칠 뻔했던 그러나 오늘 새벽 귀퉁이에 출근 시간을 쪼개며 김 서방은 자네에게 글을 쓴다네 이백도 두보도 중국번도 그의 울분 어린 시상을 꺾지 못했네 동정호 앞에 귀한 은침차 한 봉지 사들었으니 그는 이제 관직을 비끼려 한다네 순창골 서재에 묻혀 보내지 못할 편지 세 통만, 또는 두 통만 쓰려니 기다리기라도 하게나 아니 그것도 자네의 세월이 훔쳐간다면 단 한 통만 쓰려 한다네 나머지는 후일 김 서방 아이들이 힘겹게 쓸지도 몰라 그럼 이만 총총.

잠 도둑

세상도 없다
그대가 담아가면
인사도 모른다
그대가 곁에 있으면

고 귀여운 이
콱 깨물고 싶은 거

복면한 햇살이
귓불 느릿한 침을 섞고
해 벌려진 도원경으로
잠입 중이다.

숲의 마중

정돈을 반복하듯
내겐 실수가 많다

해가 기울고 어스름을 먹는
너의 끝자락을 그리다가
언제나 혼자 엉클어지는 아침

짙어진 바람이 무거울 때면
서랍을 엎듯이 뒤진다
어떤 보물이 있을까 하고
그때마다
기억나듯 넌 슬픔을 쏟다
어떤 사랑을 묻어버릴까 하고

나 헤어지고 돌아온 너의 강변
포플러에 남은 우리의 정취처럼
적막의 숲이 문득 흑막 앞에 선다
가까스로 어제를 용서하는
이 아침.

제2부

도요지에서 너를 생각한다

햇볕 사리 뿌려진 도요지로 가는 길
자잘한 도팍 튀는 비포장도로에
비만아처럼 뚱그적거리는 차를 세운다
무너진 가마터가 좋은지
억새풀이 풀석풀석 웃고 있다

조선의 길목엔 분청사기와 명문이
횡단의 발굴담만큼 깊숙이 묻어나고
절간 옆에 연기 지펴 밥을 짓는 날
너는 상앗빛 알몸인 채
무등산 기우는 늦가을 자락에 가리워
어느 석별의 교단에서처럼
지금 야트막하게 앓고 있다

진산 북쪽의 능선 구비에 눕혀져
골짝 깊은 퇴적구 소망에다
연속 연화양 蓮花樣
귀얄기법 따라 붓날을 굽히는 아침
앳된 소녀들에게 청자 기하학을 가르치던
마지막 도요지에 너를 생각한다

오늘 분청 매병梅甁 한 개를 사 들고
너의 발밑 백토를 나도 딛는다
사기장이 유약 바른 손을 비벼대다
기꺼이 받아줄 태토胎土를 기다리며
너의 생각이 피처럼 흘린
내 우주를 희게 감는다

머언 15세기 짐작도 못했던
밀교密敎 같은 자토의 빗살무늬에 빠져
너의 갈빛살 같은 울음 그치게 하고
너의 핏빛살 같은 웃음을 잦아지게 하고
가로 세로를 그으며
뽀얗고 둥그스름한 네 입술을 읊는다

청자靑瓷 매병에 담을 너의 눈물이
비로소 내 젊음에 닿으니 곱구나
너의 무한값을 풀면서 내게 던진
타원형의 휘인 들국화 웃음
날아갈 듯 가냘프게 쥔 측정치의 교실에

분필처럼 길어난 너의 촉루
햇볕 사리알 반사로 다시 곱구나.

투명인간

뜰의 목련이 지고 잎이 필 무렵
담장 건너편에 보란 듯
큰 메타세콰이어가 흔들거린다
회오리바람이 일듯이
그녀가 날 보고 싶다고 했다

〈어디쯤 오고 있어요?〉
조바심은 어느새 문자를 날린다
이층 사무실까지 치켜뜬 초록들이 시새움처럼
나를 바라본다

미풍에 떠는 눈썹과
미소 몇 모금을 은은히 뿌리고
어김없이 카키색 차를 몰고 올 것이다

마라톤의 도달점처럼 정직한 그녀는
등나무 푸른 물이 도는 걸 보며
정자 앞 서성이는 나를 태우고
이 혼돈의 도시를 탈출할 것이다

벌써 흰 스카프를 두르고
높은 초록 힐을 신은
언제 보아도 날렵한 그녀
담 밖 아카시 나무 아래였다
찰칵
운전석이 열리긴 했는데
아 그녀가 보이질 않는다

투명인간!

오륙도에서

신록과 바다가 골드코스트처럼 어우러지고
뻐꾸기 울음바다에 융숭 깊이 스미던 날
회의를 마치고 해양대학교 실습선을 탔다
부산교육청의 안내로 오륙도 바닷길로 나서니
뱃전에 부딪는 물결과 오월의 햇빛이
사무실에만 익숙해 있었던
내 팔뚝에서도 지징징 묻어났다
천 년의 비밀이 바닷속에 들었을까
젊은 날을 잠시 빌려 푸른 사진에 담는 날
심해의 뚝심들이 소리 내어 절규했지만
외마디 울음의 의미를 몰랐다
여섯 형제 중 어쩌다 하나를 썰물에 잃어
오늘은 오형제가 되었다는 말에
없어진 막내를 속 타게 그리워하는 날 보고
할 일 없냐고 함께 탄 회원들이 웃었다
저녁을 마치고 돌아온 늦은 밤
왜 그가 없었을까 슬프게 궁리하다가
사실 잃어버렸던 귀여운 아우가
바위 이랑 속에 굽어 있지 않고
북쪽에 가 있다는 소식을 들었다

이제 머지않아 조금 무렵에 물이 들면
통일 날 막내를 찾으리라 맘먹고
이튿날 조바심을 풰어 찬 나와 일행은
서해를 거쳐 북으로 나아가
다가갈 자유의 다리를 씽씽 찾았다.

돌산부터 더트다

심욕心慾이 앞질러 신덕에서 출발한다
차분한 영감뒷짐을 지고 가다가
때로 바다 솔숲을 끼고
목 휘파람 절로 띄워 듬성 계단을 오른다

저며 세운 암벽 안
향일암 추녀 아래 몸을 세우고
땀 젖은 청옷을 벗는데
민 바다 보기가 부끄럽다

돌아 바라보는 돌산 흰 포말에 돛 잠기듯
거문도와 백도 아이들이 손을 들고
저요 저요 깃털 소리로 흔든다

무술목 유원지와 방죽포 해변을 거쳐
돌산대교 지나 오동도로 훌훌 가는 재미
진남관, 충민사엔 우국심 아프고
조망하는 눈시울은 절로 매워 온다

석산石山이 꿈꾸며 수리포로 달리는

그립고 웃을 일이 있는 해어름
고단하지 않는 뱃길 신덕부터 찬찬 더트며
걸음 또한 명상하듯 찾아갈 일이다.

치과 병원에서

치과 병원에서
하필 바다가 보고 싶다는 건
순전히 내 의지였다

시든 채소 골라 뿌리를 솎아내듯
풍치를 가늠하여 빼낸다는 것
겨울의 언 바람에 쓰린 상처같이
혼절하는 고통이 참기도 어려웠다

다시 어기면 큰일 날 것 같은
메스와 핀셋의 지시대로
간호사 따라 '아' 하면서
급한 성깔 냄새나는 입속을
쿨렁인 바다처럼 벌리고
쓰디쓴 갯벌에 핏물을 주입하는 때
난 차라리 우는 해신 같았다

이 고역 참는 이유는
열대어가 노닐어 미치도록 황홀한
영넘이 바다가 보고 싶어서다

그래 간호사 예쁜 입속으로
푸른 바다색은 출렁여 넘쳐났었다.

초여름에

해 지는 마을 강둑에
느티잎 따다 빠져 죽은
열여덟 누이가 울고 있는지
오월 아카시아 향 너머로
휘움한 보릿고개가 타임머신을 탔는지
가만가만 삐비풀 틈에 들어와서도
하냥 그미가 보고 싶네

감자꽃 피는 초여름 밭둑에 앉아
솟아오른 적란운 뭉게구름에
쇠비름 풀잎 놓고 비는 소망을
잘 나아가라 생고무줄 총에 쏘는 순간
소년이 돌아갈 곳
삶의 척수에 명중하듯 확연하네

산 그리매 바삐 넣어
골 잘게 파려는 호미보다는
차라리 굵은 때기 풀 매는 삽질이 좋아
깡깡한 두둑을 제껴 보면
쏟아져 나오는 오진 재미

담뿍이도 숨긴 흙 속의 알뿌리들

노을 벗긴 젖은 적삼 가래 사이
바랭이풀을 뒤로 뜯으며
내 새끼, 아이고 내 새끼 하고
수확하는 어미의 보람이
아직도 명아주풀 듬성듬성 뻗는
그 산밭에 고여 있다네.

오월 무등산에서

새벽을 연습하며
연대의 아픔을 지우던
약수터 지나 너덜겅이 있다
부르지 않아야 할 노래로
서석대의 목쉰 저녁을 읊고
게양대마다 걸리던 총성이
금남로의 느끼운 강물로 부활하여
너와 나의 빈 가슴을 훑고 갔다
쫓기는 골목길의 긴 햇빛처럼

이십 년 동안이었다
마른 그루터기 끼름한 봄물 적시는 소리
이제사 만장처럼 구름 몇 점 울지만
책 팔고 시계 팔아 술 마시며
베토벤 운명같이 피를 남겼던 시절
그 시절 무등이 내 살던 해남에
생을 흥정하러 왔었다

한때는 총탄 박힌 어깨를 꿰매고
식지 않을 뜨거운 산수오거리를 헤매다가

농장다리 여인숙으로 절뚝이다가
숨 막히게 읽던 혁명 한 권을 버리고
오늘 화순 능주에서 총 맞은 김씨를
느닷없이 만나
오월의 무등에게 되레 욕을 먹는다
왜 기억병을 지우는가고.

새소리에 거는 목걸이

숲이다
벌레 쪼는 소리 들린다
문 열면 차오르는 새소리들
찌익찌익 거미 잡는 소리
쏘옥 쏙쏙 구멍 파는 소리
쑤우꾹 쑤꾹 산 아래로 아래로
누군가를 보낼 듯 띄워야 하나 보다
새에 색 색 제 어미를 보채듯
휘릭휘릭, 삐리익 삐릭
헤어진 동무 만나 동우리 즐기듯
째 쨱, 가아각 가각
하늘 가린 소리만 있을 뿐
들어서 무슨 새인가 알면 좋겠다
자기 소리로 시 쓴다고 엿보았을까
대나무 잎에 앉은 놈이 알고 휘익 난다
깍 깍 깍 우듬지 끝 까치도 한참이다
말총새는 상수리나무 가지에
제 자리를 예쁘게 틀고 있다
밤골 길로 무명새 한가하게 뛰는
도시에 벗어난 숲속 길

시차적 화음도 고와
숲에 떨친 목걸이 중 하나를
이제 나도 걸 차례인가 보다.

야경 전망대

― 머뭇거리지 마, 지금 키스해 줘

나뭇잎 사이를 부유하여
이미 가루가 된 빛살의 입자들이
소문을 달고
입으로 몸으로 흘러 들어온다

― 날 감아 줘

연둣빛 목의 가늘어진 가지는
허공으로 튄 공을 잡아내듯
골대 앞으로 손을 내어 날린다
평안을 도려낸 하늘 구멍에 머릴 박고
비명처럼 푸르고 시디시게 멍들어
골인으로 죽는다

― 올라와 올라와

크아앙, 섬짓 표정으로 절규하던
트럭들의 눈 벌겋게 스칠 무렵

해안 도로를 내려다보니
손이 나비 더듬이처럼 바빠졌다
나무의 벌레들 건너와
점령 신호로 빌딩들을 쓸어
으! 진저리 나 겁난다.

끝이 아니다

시작에 늘 새 옷을 입히는
전쟁과 평화
그 시작과 종말
되풀이하는 시작은 끝이고
끝은 다시 시작이다

일어나면 늘 새로운 심연
끝의 매력은 거기 빠져 죽었다

끝은 끝났다
끝은 후회도 절망도 아니다
끝은 죽은 끝이 아니고
그렇듯 시작이다.

제3부

상래相來

아버지는 논일을 마치고
쉴 참으로 집에 오던 길이었다
동구 밖 정자각에 이르자
이윽고 한 스님이 빙긋이 웃으며
헤진 베잠방이 차림의 아버지를 맞았다

나무아미타불 관세음보살 딱 딱 딱 따그르르
당신의 귀한 아드님이 쌀 한 되박을 보시하였나이다
평소 아는 스님이었지만
느닷없는 보고 앞에 아버지는 의아했다
정자나무 아래 다시 한 번 청아한 목탁을 울리고
스님은 짊어진 바랑을 조심스레 열어
보시한 쌀을 확인시켜 주었다

아, 이런 일이라니
그해 몇 십 년 만의 흉년이었다
좀들이 찻독에 한 줌씩 모아둔 비상 쌀이
스님의 바랑으로 들어간 게
믿기지 않았지만 사실인 듯했다
쌀 아닌 약으로 쓰일 만큼 귀한 재물이었다

어른들이 다 논밭으로 나간 사이
한 스님이 사립문에 들어와 목탁을 두드린다
관세음보살 나무관세음보살 보시하시지요
그리고 스님은 무엇엔가 이끌리듯 가까이
아이의 눈과 필체를 유심히 보았다

활짝 열어제낀 방문 앞 평상에 배를 깔고
백노지 잡기장에 빼곡히 고른 글씨를 쓰고 있는
네 살짜리 아이의 머리를 쓰다듬으며
기특도 하여라 동자를 삼았으면 좋으련만…
스님은 말끝을 맺지 못하고 그윽한 눈빛을
화창한 봄빛과 더불어 태울 뿐이었다

순간 집을 보고 있던 어린아이는
웃방 광으로 가 어느 항아리에
바가지를 넣었다 힘껏
꾸중 들을 일은 전혀 생각할 새도 없었다

당황한 아버지 앞에서

스님은 바랑을 부리고 곧 지필묵을 꺼내어
정자각 마루 복판에다 펼쳤다
앞으로 크게 될 아이 이름을 쓴다는 것이었다
허참!
아버지는 기침으로 답을 대신했다

"相來"
이 아이가 자라면 그 중심으로
서로 오가는 사람들이 많아져
자연 이름을 천하에 떨칠 것이외다
아버지는 어안이 벙벙하여
스님이 지어준 이름 두 자를 가지고 집으로 왔다

그리고
반세기도 지난 56년 후 한 늙은이가
어느 날 지산동의 한 서각집에 와
다 바랜 두 글자를 내 놓았다
이제부터 그 이름을 쓰겠다는 한심한 작태였다.

시작하는 재미

이제 아이야
열 살은 모든 세대의 시작이란다
청바지에 노란색 티셔츠 야광 운동화를 신고
아파트 골목, 놀이터 마당에 달리는 아이야
인라인스케이트에 지치면 경주용 자전거를 타거라
놀다 한가하면 외계인 나오는 SF 소설에
소금 진 노새가 물에 빠지듯 젖어도 좋아
벨리, 록, 랩, 캉캉, 힙합 어느 것이든
바람처럼 능숙하게 휘도는 아이야
재미있고 신기하기만 한 세상에
어른들 어릴 때 비밀의 다락방을 못 잊어 하듯
틴존Teen zone에 너의 그래피티Graphity를 마련해도 돼
홈피와 트위터에 어울마당을 만들고
팽이치기, 연날리기, 재기차기, 풍물체험마당에서도
골목대장같이 재미나고 용감한 아이야
끼, 네 무한한 힘을 자랑해라
어른께 고민을 털어놓고
오랜 네 친구처럼
신나는 너의 일기를 카톡과 채팅과 SNS, 메일에 실어
인터넷 카페에서 우정과 걱정을 나누어라

공연장과 수영장에서 네 잠재운 기름을 태운다
사박사박 책장 넘기는 도서실에서는
해리포터를 만나고 오즈와 소공녀와도 사귄다
신나는 방학이면 기행을 하렴
김영랑문학관, 향토문화관, 고인돌 공원에서
문학과 역사, 선지자의 삶을 배우고
때로 홍길동이나 전우치, 이순신, 알렉산더, 나이팅게일처럼
호걸들 사자들과 동아리 져 웃음 크게 날려라
웰즈의 투명인간처럼 마술 세상도 꿈꾸다
깜짝 놀라운 무등 청소년 나이 열 살
그래 열한 살부터 시작하는 재미가 또 있단다
여섯 카드 중 한 장을 잘 썼구나
사랑스런 아이야.

점심시간

점심을 먹고
진짜 점을 찍기 위해
교정을 걷는다

아카시아 향이 맵게 오고
은목서 향이 푸르게 빠진다
숫 은행잎이 초록 손을 흔들고
깨철쭉꽃 바람 주머니에 너그럽다

먹는 것만이
점심이 아니다
눈에도 점심을
발걸음에도 햇점심을

그래
잠시 나무에 귀화하며
아름다운 한 점을 찍는데
멀리 뵌 아가씨도 한 점이다.

샤넬 넘버 파이브

제주도 회의에 참석했다가 공항 면세품 가게에서
샤넬 향수를 샀다 그녀와 약속을 맺기 위해서

우리는 버릇처럼 사물에 냄새를 맡아왔다
앙증맞은 디자인에 향이 자극적이지도 않다

은은한 품격의 의미로 부심한 내 선물
뿌리고 오면 가까이 그녀가 도착함을 안다

신변 불안한 요란한 옷보다 향이 확인되면
그녀와의 만남이 의미 있고 분명해질 게다
만나는 암호는 이제부터 샤넬 넘버 파이브

누구냐?
— 샤넬
암호는?
— 넘버 파이브
어둠 속에서 위장한 두 사람이 희끗 웃는다.

소설에 빠지고, 낮

시골 하늘에 자러 가는 걸 깜빡해버린
콩비지 같은 달 하나 걸려 있다
아침에야 빛바랜 너울을 쓴 그다
날씨, 필라델피아 크림치즈 같은 뭉게구름
그건 참으로 그림, 아니 시답다
눈은 바다에서 봐야 제맛,
이번 주말엔 어디로 갈까요

정말이지 실시간으로 늙는 게 느껴진다
정장이 마려운 30대 후반처럼,
지금 시간엔 아마도 텅 빈 나홀로 집에
아내는 설거지를 마치고
청소기 돌리고 걸레질에 손빨래를 하겠지

낮참이 부드럽다 샌드위치와 함께
사랑하는 그녀를 부를까 늦봄의 외박처럼
아니다, 따뜻한 아메리카노
나, 달보다 먼저 이제 자러 간다
낮, 까불지 마 조용히 해라.

오후 4시, 트위트* 노래를 듣다가
— Southern Hummingbird

오래된 서재의 어두운 창 앞에서
석양빛에 되받았던 빚을 갚듯
그림자 돌려주는 초춘을 보면서
잊을세라 그래 잊어버릴세라
홀로 훔친 마당에 캉캉춤을 맡기러 간다
움칠움칠
들리는 음악 속을 유영한다
트위트Tweet 노래 마디 내 호흡에서
낚시 귀로 구부려 두 발꿈치를 줍는다
엿 먹다 엿본 안경점 뒷길 소녀의 도둑질에
춤추듯 반사적으로 흥얼거리다가
순간 거울 속 그녀를 버리기도 한다
그녀 눈웃음을 모나게 담는 모자
힙합 아래로 절규한 트위트 목소리는
바람 앞 민들레 되어 눕혀 진다
풀 풀 풀

Heaven

Beautiful

그리고 So much to say

Call me

또는 Southern hummingbird

홀씨 쥐고 혼자 날리는
그녀의 흑발과 눈동자가 내 이마에 가깝다
검은 피부에 밀리는 오후 4시 햇빛과
나사 풀린 비계 난장이듯 그러나 발 조심에
나와 화해하기를 쇼윈도처럼 꾸린다
초를 친, 그 경솔해버린 질투인지
지팡이 짚은 중절모 노인들이 비집고 와
챙 챙 챙
야구 경기장으로 기우뚱한 발을 날려버린다

햇볕 속으로 방망이를 던지고
노래는 뛰고 달려와 망을 넘어서
끈 조인 랙을 갯벌 게처럼 바꾸어낸다
baby you da man/
cause you put it on me/
and every morning I roll over/

누군가 널 좋아하게 된다면
바위울을 넘듯 야밤에도 가까이 오라
Best friend를 옮기다 보니
그니의 도톰한 입술 옹달샘에 빠지고 만다
제복 시대의 우울한 시위의 이야기가
몸살을 찢고 오른 그 복숭아 빛 살결에
트위트가 내 속으로 잠수해 와
해수면 같은 책갈피를 따라 노를 젓는다

나 이제 트위트를 꺼야겠다
짓눌러 가벼운 출출한 춤을 보듬고
빨간 작별의 빈 의자에 앉아서
물 젖은 그대로
잠시 깊은 잠 하나 건지려 한다.

* C. Tweet : 본명 Charlene. L. Keys.(1971. 3. 4~). 미국 흑인 여성 가수. 힙합 차트 최상위. 주요앨범《Southern Hummingbird》가 있고, 히트곡《Oops(oh my)》《Turn Da Lights off》《Steer, Things I Don't Mean》《My Place》《Motel》《Call me》《Big spender》등이 있음.

붉은 서재에서

오던 바람이 절뚝 문 앞에 머문다
초록빛이 감겨주는 버림의 바람을
너절한 시절 떨어진 길바닥을 줍듯
숨어서 짧은 스토리를 주우며 따라 나선다

성글던 사람들의 말소리
사냥개가 제 창자를 뱉듯이 째는 소리
창문이 흔들며 전한 골방 시의 콘텐츠
어제와 오늘도 책 그 소리에 빠진다
그러다 아뿔싸 풍덩
그만 눈 도끼를 잃고 만다

이게 네 눈이냐
산신령이 돋보기를 들고 나온다
아닙니다 제 것이 아닙니다
그럼 이게 맞냐
다들 비웃는 오목렌즈다
아닙니다 그것도 아닙니다
그럼 이게 네 것이냐
이번엔 기다리던 맞보기다

예 그러하옵니다
예끼 놈 멋있는 이 눈은
내가 끼어야겠다
한마디 주울 새도 없이
어쩜 또 풍덩

지랄 산신령이 사라지자
회오리의 물은 더 파래고
끝모음 소리로 떡갈나무조차 울더니
나 몰라, 이런 다래끼가 다 돋았다.

요즈음 경도된

여자를 위해 차를 나르는 일은
남자지만 참 행복하다
단 설거지 전까지는

여자를 위해 술을 따르는 일도
뭐 대충은 행복하다
남긴 잔을 비우기까지는

여자를 위해
멋진 옷을 입는 일은 더 행복하다
부랄 움켜쥔 채 추운 욕실로
히, 들어가기 전까지는

누구든
일순간의 행복을 위해서라면
귀찮거나 사랑스러운
뒷감당을 치러야 한다

여자를 위해
여자 앞에서

요즈음 사는 맛에 길들여 있다
여자를 그토록 몰랐던 나는.

운암산 찔레꽃

사람들을 피해
도토리나무도 보란 듯
발자국이 깊어지는 아침
한밤 내 울었던 소나무 숲을 보며
아끼는 듯한 등성길은 더 조심스럽다

여기저기 잘린 장애의 나무가
사람들 너스레 틈에서 안쓰럽다
피를 흘리는 숲
그랬던가 어젯밤 문풍지 곁에서
내내 소릴 지르던 이유를 나 알겠다
잿빛 청설모가 보금자리를 잃고
햇빛 피해 적멸인 양 방황하더니

이제야 구청 사람들의
그 잔인한 횡포를 알겠다

이쯤에 오면 항용 자작나무 숲은 깊고
이슬 줍는 구름 속엔 듯 바람이 높다
명징한 숲을 향해 흘러가는 길

진진한 유충 알갱이가 쏟아진다
휘파람을 타고 비도 내린다

아름다운 휘저음
멈출 줄 모르는 피가 있어 다 시원하다
내쳐 구르던 발에 급브레이크
찔레 덤불에 걸렸나보다

슨슨히 털며 일어서자 꽃잎이 묻었다
아 정강이에 핀 운암산 찔레꽃.

방음벽

너, 그냥 포기하고 싶냐
층층을 올라가는 소리 뒷굽에 눌려
하늘로 자라온 호흡 그냥 두고 오지 마
투명한 존재로 가장한 피브이시 통로
줄을 따라가면 홈 나사에 묶여진 이웃들
아픈 팔로 채곡채곡 잡곡밥을 먹이는 저녁엔
탑차 냉동차 도살장차 살수차
이삿짐차 펌프카 승용차 컨테이너차
용달차 상수관차 또는 고속버스들이
울 안쪽 달팽이처럼 늘어붙어
줄벽까지 다 훔쳐 먹는 용맹들
설 재래시장 대목 백화점처럼 경쟁이 우는 곳
막아도 다시 치쌓이는 쓰나미 울음이
엠피스리 속에 쓸어가다 간신히 남긴 비
맨발의 발등같이 노란 비
얼굴 깊이에 끝 자로 새겨져 있다
나는 굿은 왜낫을 들었다
일그러진 손 성냥처럼 긋는 소망에
몇 잔의 언어로 돌벽 가슴을 물들인다
여전히 비가 귓속으로 쳐들어온다

적신 비를 훑고 다시 막은 귀를 막는다
참다가 또 헛눈을 짓다가
마지막 단속한 솜귀를 버리고
흐흐 높은 고흐처럼 벽이 웃는다.

터키 산맥을 넘으며

어둠이 가장 잔인하게 달려왔다
폭설에 묻힐 뻔한 버스를 옮겨 타고
시베리아 검은 모험처럼 흰 벌판을 치달았다

떨어지는 꽃잎 같은 척소금발의 암흑 앞에
왼 눈 윙크로 배반하듯 가슴을 안았다
사람들은 불안을 몰아내는 잰 웃음으로
넉넉한 마음 뒤로 바꿔 돌아앉곤 했다
뜨거운 터키쉬 커피를 한 모금 적시고
우리는 바라보며 삶의 책임을 읽었다

사람의 흔적은 물론 짐승의 그것도 없는
산맥 가운데 우리는 주저앉았다
그러자 터키가 우리를 뚫고 달렸다.

제4부

숯

멍든 가슴 움켜쥐고
오랜 길을 에둘러 간다

태운 밤을 지새우면
그대 눈썹 더 깊이 울고

이별의 불길 멍징하게
젖은 비에 푸시시 꺼지는
오랜 참나무 붓 하나

열반으로 불러야 할 노래
지상에 시가 까맣다

그대 정수리로
뽑아낸 숯
진저리 그 영혼의 사리.

감기와 기침약

감기와 기침약은
무릇 견우와 직녀 사이다
은하수 같은 강물에서도
궁합만 맞으면 이별의 아픔은 없다
불치의 감기란 없으렷다
약발 듣는 실핏줄이 해열의 다리를
까치처럼 놓아주기 때문이다

하지만 대부분 기침약은
치유와는 항상 이별이다
물 위 기름으로 섞일 듯하면서도
속으로는 늘 헤어지는 일상이다

세상에 바로 듣는 감기약이란 없다
저녁에 습관처럼 먹는 기침약
또 허탕일 게 분명 알면서도
견우의 감기는 기침약 같은 직녀를
뽀뽀라도 하듯
입 벌려 다시 찾는다

그래 그래
이젠 칠석을 기다리는 수밖에
감기가 황홀히 만나는 그대의 기침약
조용히 숨 쉬는
검은 감기의 날갯짓들
그 합환의 오작교가 그립다.

봄비 듣는 음악

음악은 꽃물 든 손가락에
이슬처럼 젖어 떠는 그녀의 봄비다
늦게야 만나면
케니 지의 스프링 브리즈
녹일 듯한 색소폰의 퍼짐
또는 이은미의 떨림과
쉬프트 테일러의 환한 열림 사이로
내리는 그녀
봄!

오랜 입맞춤과
출렁이는 리듬처럼
살갗으로 비집어 가는
트위트의 록과 랩
혹은 붉은 가슴의 드럼과 검은 팔뚝
그 심벌즈 사이로
막무가내로 올라온 찔레순

누군가
검은 땅을 향하여 토도독 톡톡

운다, 운다, 운다

아, 눈물방울 2캐럿.

두근두근 오는 비

― 눈 뜨니 그대가 좋아하는 시가 생각나
문자에
답이 왔다
― 눈 감으니 당신이 읽어주는 시가 생각나

비가 오는 날
가슴 에이는 만남도 있으면 좀 좋을까
창가 머리맡에
다시 열고 보낸다
― 기분 좋은 일은 언제나 짧아 ㅋ

그대를 기다리는 동안
행복한 우울이 지나갔다
― 기분 좋은 일만 기억하지 마 ㅠ

답을 찍기도 전
기다리지 않아도 그리워할 멜로디와 함께
온 건
― 그대의 비네요

한다 비는 비애일까 몰라
두근두근 대문을 나선다

하악

― 오늘 점심 어때?

타전된 즉답 문자에 감전되자
― 좋아!
지역대회를 치른 이후 모처럼
긴 흑발의 그녀와 야채 샤브샤브에 간다
웬걸 자리가 없다

이웃 식당에서도 따먹은 바나나처럼
졸지 밀려난다
황당을 비참에 넘겨주니 자존이 남는다
치일 뻔한 횡단 끝에
건너편 베트남 쌀국숫집으로
한데 여기도 만원 직전이다
루팡식 자동문에 민 발을 떼지 않겠다고
그녀가 긴 생머리를 다듬는다

스프링코트를 입은 날의 만 원짜리 점심
벌써 다섯 번이나 먹었지만
씁쓸한 날은 양이 차지 않는다

점심할까,
우리 점심 단가 올릴까?
그 말 대신 우리 그냥 끝낼까
어쩌다 하악, 이별을 다 약속한다.

키 큰 상수리나무와 도둑

내 방문 앞에 누운 운암산이
미친 수레를 끄는 지친 소처럼
게으르게 다가오는 저녁이다
키 큰 나무들 몇 우람하게 우짖는 바람 언덕
귀도 몰래 새소리를 다발 묶어 부리고
시계 운동처럼 노을빛에 휘몰린 오늘은
그들을 불러 꼭 열을 세울 참이다

나무 꼭대기가 비굴해 서늘한 지금
까치집에 푸른 바람을 넣는다
납득하기 어려운 비행 편대가
가스 음각을 남기고 사라진 서녘 하늘로
옥섬 같은 등불로 밭고랑이 하나씩 피어오르고
농사짓던 여린 날의 뜨거운 여름을
함 함, 목청의 무지개처럼 뿜어낸다

넓고 귀한 세상임에도 그의 다리는
털 벗고, 탈 없고, 턱 없이도 길고
편집장처럼 혼자서도 야무지다
요란히도 찬란하다 식사를 끝내고

시끄러운 밤에 낚아 올리며 시작하는
돗자리 깔고 웃는 사람들, 사랑들, 키스들

품을 가슴이 넉넉한 나무 아래 대숲은
바야흐로 검은 피륙들을 남기고
구름처럼 홀로 내 곁을 스쳐간다
순간, 움찔 휘어진 바람결에 실려
키 큰 그가 몰래 우리 집을 내려다본다
이크 도둑이다 통장 감춰!

낙엽에게

나 그대를 못 잊겠다

첫 초록색 겉지를 넘기고
노란 속지 단정한 줄에 맞춰 쓴
갈색 글씨 사랑스런 그대 손가락

호수 아래 섰던 그 첫날
길게, 짧게 속삭이다가
맞바람의 드라이브 길을 내준 숲에서
그대와 같이 한 오랜 입맞춤

가늘고 빨갛게 옮겨온
뜨거운 숨과 입술
휘날리는 금빛 머리칼에
나는 무차별 감기고 도장 찍혔다
해가 바뀌어 사라지기 전에
입도선매를 한 아름다운 도장
나는 유언처럼
그대를 수첩에 찍어 두었다

오래 남아서 빚져도 좋았다
천상의 기억을 뚫고 온
압화의 약속어음 앞에
채무인처럼 독촉하는 피멍울로
다가와 황홀하게 빨던
잎의 입.

나는 누워서 시를 쓴다
― 노씨가 무서워하는 고씨들

봄밤이면 벚꽃에 날리는 시상들
시의 행은 그렇게 넘치는데
고장 난 컴퓨터 앞에서 고역이다 시는
꽃 다 지기 전에 고를 풀어야 하는데
고민, 시가 되질 않으니 노no다,
시 쓰는 도구마저 듣지 않는다

새벽이면 비를 뚫는 바람이
고물고물 애벌레처럼,
또는 늘어진 고무줄같이
이마를 간질이고
나는 누워서 시를 쓴다

마음대로 시가 써지지 않으면
자지러질듯 내 몸이 아프다
고통이 고래 허리로 오래 앉았으니
뚱뚱한 고관절마저 시큰거린다

이렇듯 시를 쓸라치면 고씨들이 온몸에
고뿔을 전염시킨다 끽끽 막무가내다

각혈하듯 벚꽃 앞에서 나는 초조해지고
새벽마다 누워서
되지 않는 시를 힘들게 쓰는 일

정말 노다 순간
얼른 족보를 열고
내 가문을 들여다본다 노 노 노
이십칠세 손의 알량한 노.

혈압과 승강기

쾅당
거 누구요? 발 앞에서
남은 아파 죽겠는데, 아 혈압 올라
새벽 눈길에서 미끄러졌다

얼었어요 조심하시지요
그가 팔을 내민다
혈압이 순간 내려가고
화가 삭혀진다

상대의 말은 승강기 버튼이다
말을 함부로 던지기 또는
그것을 누르기에 따라
감정은 오르내린다

문이 열리고 내린다
본래의 땅이 있는 낮은 곳으로
세월 네월이 헤아리며 가는 것은
청청 물든 여자를 만난 옛일처럼 숫기 좋은 일이다.

휴, 다락* 가는 길

신호 대기 중, 얼른 카카오톡에 찍는다
말풍선이 뜬다 그녀는 흰색, 난 노란색
카 오디오에 셀린 디온 시디를 넣고

나 : 지금 어디에요?
M : 저 첨단지구예요. 7시에 수업 끝나요
나 : 그럼 됐네요 ^^
M : 선생님은 몇 시에 출발하실 건데요? 저는 9번 타고 출발했어요 좀 늦을 수도 있을 듯~ 버스로는 첨 가보는 거라 어떨지
나 : 나도 이제 막 출발! 좀 늦었어요
M : 차가 막힐 시간이라 아무래도… 지각, 그래도 입장이 가능하겠죠? ㅎㅎ
나 : 네 가능해요
M : 넵! 아, 편한 맘으루 갈 수 있겠네요~^^
나 : 난 지금 승용차로~ 헌데 막혀요
M : ㅋㅋ 다락 기는 길 서로 중계방송하는 거 같아요. 가는 길 ― 오타(죄송)
나 : 맞아요 ㅎㅎ
M : 무지 변한 광주 놀납네요 낯선 도시로 온 듯. 또 오

타 — 놀랍네요(송구)

나 : 수완지구로 도나요? 난 지금 전대 앞예요

M : 구 하남공단 가는 길로 달리고 있네요 수업 5분 빨리 끝내고 서둘렀는데 막 퇴근 시간이어서 — 나름 속도 내며 달리고 있어요

나 : (하마터면 앞차 받을 뻔!)

M : 집으로 바로 안 가고 밤에 낯선 길 가는 것도 신선하고 새롭네요 ^^ 나름 조아요 또 실수 — 좋아요(막가)

나 : 성의가 대단하네요. 교대 앞 지나 신호 대기 중

M : 지금 우회전해서 기아자동차 쪽으로 ㅠㅠ 밤새 돌고 돌아가는 건 아닌지 한숨~

나 : 난 곧 산수동 진입 — 맘 차분히 먹어요 ㅠㅠ

M : 광주 시내 일주하겠네요

나 : 참아요 삶도 도는 삶이 좋다 잖아요?

M : 누가요?? 내리면 따질 테야

나 : 운전 중이라 생각 안남

M : (이모티콘 웃음) ㅋㅋ

나 : 곧 도착 예정임 다리 밑

M : 입장하시고 자리가 없음 미리 알려 주세요 되돌아갈 수 있게요 ㅠㅠ

나 : 그래요

M : 오페라는 인기가 많아 사람들이 많다던데 오늘도 그러려나?

나 : 막 도착! 자리 있어요 걱정 말고 오세요 ^^ (이모티콘 미소)

M : 네 감사! 이제 신세계 지나 천변 진입, 이제 안도 휴~!

다락이 참 멀다 지붕 바로 밑
아니 학동 커피숍 지하
음악을 먹여주는 오늘의 밥상
막이 열리고 돈 조반니가 돈 환의 전설로
겸상하자며 가득 차려 온다

얼른 함께 먹을 사람이 와야 겠다

* 다락 : 광주 학동에 있는 음악 감상실.

데미안의 해바라기

아침 도서관에서 키 큰 소년이 기준을 잡는다
독서 체조를 하기 위해 간격을 넓힌다

시위를 당기는 스트레칭을 하고
둥두렷 책상에 막스 데미안을 생각한다
새가 알을 까고 나온다는 데에 강물이 침잠한다
태어나려는 자는 한 세계를 부수는 아프락사스
문장紋章이 무심한 이마에 박힐 듯이 다가온다

괄약근을 조였다 푸는 푸싱을 하고
싱클레어 소심을 자존 가까이 부풀리는 시간
적막의 틈에 치댄 친구들의 몸짓이 뜨겁다
구원을 주는 에바 부인과 체조의 정점으로 나온
나 소년 싱클레어는 얼음 같은 햇살 앞에 선다

도서관에 가득 핀 헤르만 헤세의 꽃들
그중 데미안이 해바라기를 한 아름 안고 나온다
꽃 끝에 비어진 내 눈물이 들판으로 튄다
햇빛이 튄다.

제5부

데칼코마니 연습

내 생애 퉁겨내야 할 비밀의 통로
낡은 매트에 눌린 스케치북 한 권
풍경을 담을까 하고 기울인 몸의 문틀로
가까이 살핀다
내 유년의 밖에 조망이 사라진 날

어두운 화실 벽에 갇혀
한 몸의 표지로 살아가던 얼룩이
흰줄무늬누에가 잣는 잠으로 내려왔다

인연의 실에 묶여 팽팽히 오므린 기억
몸끼리 당겨보다 타오르고
합환의 날을 꿈꾸거나 기다리며
너는 또 다른 이방에서 젖은 채로 떤다

엎지른 물감의 화려한 빛에
그만 널 안아 접고 싶다는 작업에 도달한다
이 절망에서 영영 나오고 싶지 않다.

번호 없는 전화로 만나는 날

둘째, 삼주 전 결혼식을 마치고 독일로 떠난 아이에게
 짐을 부칠 때 우체국 직원은 국제 택배는 수신자 전화번호를
 꼭 기재해야 된다고 했는데
 채권자가 채무자 앞에 받아야 할 돈 액수를 모르듯
 있어야 할 전화번호가 없으니 낭패다

 밀린 원고 정리로 컴퓨터의 밤이 깊다
 커피라도 한 잔 할까
 엘이디 스탠드에 활자들이 감기는 것과
 동시에 마침 둘째의 전화가 온다
 안부마저 잊고 네 집 전화번호가 무어냐고
 어쩜 멱살 잡고 흔드는 무지렁이처럼 묻는데
 하, 인터넷 국제 전화엔 번호가 없단다

 번호 때문에 우체국 작업대에 인질 잡힌 짐
 그 속에 아이의 세간살이는 갑갑하다
 까막눈 양복쟁이 신문지 거꾸로 잡고 읽듯
 답답한 아비를 탓하는 아이의 옷가지들이
 통 통 통, 텅 빈 제 방 안을 구르자

철 철 철, 허약한 내 머리마저 털린다

선 없고 숫자 없는 무선, 무수의 시대에
갑갑증이 보채어 답답증을 푸는
김옥균과 그의 일행이 현해탄을 건너와 비분강개하듯
개화를 깨우는 프랑크푸르트와 광주의 대기층을 뚫고
통철인양 사랑의 음호 앞에 차디찬 정신 한 잔을 붓는다
낡은 샤워 꼭지를 틀고 이 오밤중에 깨져라 깨져라
치대는데 둘째는 불통의 무지막한 내 상투를
독일에서도 틀어잡고 흔든다.

겨울, 우저서원牛渚書院에서

삼동을 지난 언 밭을 갈려는가 보았다
녹슨 경운기에 튕겨난 날선 자갈을 물어
보습의 입술조차도 뭉개어지는 쇳소리가
밭 둔덕의 끝자락 강울음을 되받는다

일을 관두고 서원 앞에 서서 그를 기다렸다
그가 왔다 우저牛渚처럼
헤아릴 수 없이 쳐야 할 적 앞에 한 생을 뒤엎고 나니
눈초리로 훑는 영화는 찰나의 절벽이었다
분노보다 짙은 수염과 독보다 깊은 화살로
지고지존 은둔하는 호령을 거머쥐고
밤낮이 해를 되몰고 왔다가 갔다
거듭거듭

깃발들 일제히 바람을 내치듯 깎이고
치열 고른 방약의 학문을 지켜오다가
뛰어내리는 야생의 복판에 쓰러진 주검
생존이 곧 참시 앞에서
목숨을 바꾸어 언 땅을 갈던 그의 이름이
사람들 입으로 거룩하게 떨어졌다

회한으로 가는 걸음이듯 서원을 들어서며
비로소 가슴 돌담의 완력에 부딪쳐
나는 깨닫지 못한 이기론에 맞받쳤다

겨울 하늘 밖 휘어진 휘어진 눈사태처럼
낡은 송판의 울음이 철석철석 누비고
벌판으로 달아오른 마작 같은 분노가
오래된 죽석 사랑방에까지 지펴 오르듯
감정동 아래 흔적 없던 한때 가문을 딛고
그 이름은 고드름 끝에 뭉긋뭉긋 타올랐다

* 우저서원 : 경기도 김포 감정동에 소재한 조선시대 조헌(趙憲, 1544-1592)
의 유학 학문과 덕행을 기리기 위해 지은 교육기관이다.

남자의 실낙원 失樂園

한 남자가 여자 앞에 앉는다
얌전하게도 무장한 흰 턱받이
미구엘 세르반테스의 초상화처럼 앉아서
남자는 여자의 손을 한창 먹는 중이다
사치스런 물빛으로 벗겨낸 육살과
사각의 접시는 만지듯이 피어난다

남자를 위해 사들인 대리석 식탁
실망으로 젖은 검은 밤의 호흡을
흰 아침의 희망으로 닦아내고
남자의 틀니에 대칭으로 세운 과도는
껍질을 재촉하는 여자의 손가락과 함께
몸피 가까이에서 미끄러진다
남자는 마비가 될 위험한 포크질에도
마드리드 땅을 밟을 밤이 왔으면 한다
올리브 손을 적실 아침이 되었으면 한다

순간이지만 여자 앞에서는
남자의 찌질한 목구멍까지
어쩜 아이의 목젖처럼 아름다운지도 모른다

다크서클 눈까지도 지순을 배우려 든다
먹기 좋게 돌려놓은 지중해를 띄우며
여자는 벌써 탁자를 넘어 항해 중이다

늙은 남자는 아침이면
여자가 어르는 손과 미소를 꾸울 꺽, 꺽, 꺽
이브의 사과 쪽으로 알고 잘도 넘기지만
과연 남자가 부끄러움을 아는
한 인간으로 변신될지는 의문이다.

나주곰탕을 먹는 오후

허씨는 마을 소하천 쌓는 날일을 마치고
비 들이치는 목 좌판 앞에 자릴 잡았다

나주 목사 옆에 야트막하고 둥두렷한 밥집
양운동 할머니 해방되던 해에 문을 연
원조집, 옆집이 원조, 또 원조 하지만
진짜 곰탕 기름으로 찌든 원조집이다

진창길에 작업 구두에 스멀대는 벌레처럼
식욕 한 덤이 목구멍 끝에서 줄다리기하듯
당분간은 깎지 못할 구레나룻마저 당긴다

나 이제 글 쓸 의욕이 척척하니 젖어 오는데
노변 싸리나무에게 몰래 말을 건네다 들킨
얄은 먹감나무들이 삭은 지붕 위에서
쓰레기 찢는 고양이 소리를 낸다

바람 밖에 늙은 의자 하나 담벽으로 기울고
목사를 수리하는 목수들 힘깨나 벼리다가 둔
하수도 공사장에서 나와 휴식 한 줌을 먹듯이

원조 나주곰탕집에서 거친 밥을 말다

반주로 음용할 소맥과 함께
머리 위 고압선 청천벽력같이 지나가도록
길을 내어주는 할머니의 앞치마로부터
돈 전대 겸 수건 겸 튀는 국물 방어 겸
달뜬 대목 시장을 허리끈으로 이어간다

목사 대청에 들이친 오랜 비도 멎을 즈음
박친 소머리국 내음에 시장기는 추어미고
숨어서 설설 쉬어 가는 깍두기 맛에
열병의 가마솥으로 마른 장작불 붙듯이
벌겋게 편도선 갈기가 무너진 날은
문득 가지 쳐내야 할 내 글조차도 고프다, 하

『정글북』을 읽는 겨울밤

허브 초 향이 여자의 머릿결처럼 감겼다
머리맡에 둔 노트북을 열까 말까
꿈에서도 포도넝쿨처럼 주저주저가 따랐다
함박눈 속 잠든 캐시미어 이불을 걷어내고
건조한 팔을 벌려 일어나기 싫은 밤
정글에 빠져서 그 법칙에 정신 차린
리디어드 키플링Rudyard Kipling이 찍은 상처들
블랙 투마이가 포개지는 밀림을 향해
냉랭한 노래처럼 짧은 발자국을 새길 때
유년의 황톳길에다 시어칸을 때려 눕히고
모글리와 아젤라처럼 소 떼를 몰던 꿈을 뒤로
삽시간에 수 마일을 먹어 치우는 불길처럼
잠든 주저를 향해 일격에 저주를 질타한다
볼테오의 과장된 밤 이야기 사이로
진리가 왔다, 지금은 사냥을 하지만 나중에는
사냥을 당하는 처지가 된다고 북book이 말했다
늙고 병든 방패를 야생 코끼리에게 던지며
탈탈, 침대의 잠을 털고 천정 위를 날았다
이번엔 나의 악습성인 예의 주저를 건너와
그녀의 비호감, 저주에다 불을 켰다

반 늑대 모글리가 곱슬머리를 넘기듯
접진 117쪽에 차르르륵 정글북이 펼쳐졌다
운암가 101번지에 두두둥 밀림 북이 밤새 울고
수인처럼 갇힌 1203호실에
타타닥 탁 탁, 노트북이 은둔을 송신했다
하, 하, 하,
"정글의 법칙, 나는 살아 남았다."

쉿, 깰라!

그들, 2010년 6·2 선거에 한방 먹였다
탄탄한 여론을 탄 후보에게 날린
어퍼컷이었다 간질 난 쨉질이 아닌
보기 좋게 뒤집은 맥주잔에 결과표
트위터엔 '투표하자' '나가자'
월드컵보다 실은 더 폭발적이었다

그날 오후, 자신의 투표를 알리는
사이트엔 거간 트위터들이 더 많았다
순식간에 장담한 인증샷은 더 자주였다
그들, 밀레니얼 제너레이션
1982년에서 2000년의 아이돌이다
직장에서 거리에서 학교에서 쇼핑몰에서
스마트폰에 아이팟에 인터넷에
소셜 네트워크로 간간 문자를 전송하다
아이튠스로 오르가슴 음악을 듣다가
맘이 내켜 그녀가 보고 싶으면
저렇다, 화상을 잡지처럼 꺼낸 그들
동영상을 한꺼번에 내려받는다

멀티스태킹에 능하고 소셜네트워킹에 강한
앳된 사람들, 하지만 다 자식들이다
컴퓨터 영화를 보다가 상사 앞에선
순식간에 엑셀 프레시트를 깔아버리고
제 업무인 척 가면으로 진행한다
거침없이 날렵하게 바꾸는 저 버전들
폭풍의 6 · 2 선거를 마치고
그들이 다시 일상으로, 새삼 책상 앞으로
나왔다 하, 녀석들

사랑하나봐 좀비와 골수가 만나서 비우는지
얌전히 잠수하거나, 또는 수면 중이다
이불이 없으니 입술로 덮는 손가락

요주의 표시가 뭘, 빨갛다니까.

가을비

그대 옷자락에 넘쳐 날리는 날
나 공중에 내리는 사념처럼
숨겨 놓은 내 부정을 깨우며
땅 가득 꽂히는 빗금으로 선다

곡기를 멈춘 해후의 추녀 끝에
넌지시 비껴 앉아 은방울 하나씩
엽전처럼 떨구는 연습

가을 어스름은
걷어 올린 팔뚝에 쏟아져
너의 종아리는 보이지 않고
인고의 불빛에 젖은 회억의 눈
어깨에 기댄 우정이
숨긴 회초리를 잡는다

눈썹 아래 떨어지는 지존의 낙엽 위로
내리치는 서정의 매
계곡 가랑잎처럼 채워져 차오르는
그대 무질서한 빗금에

선을 넘어 서서 나조차 서럽다.

여행, 책 속으로

「수레바퀴 아래서」
헤세는 내 소년 시절을 설레게 했다
바닥 깊이까지 당기는 지적 욕심
공부를 강요당한 한스 기벤라트는
천천히 자화상으로 되돌아왔다
채찍처럼 요구되는 예습과 복습
두통에 휴식을 잃던 나날이 이어지고
그는 자유분방한 친구 하일러를 만나
단짝이 되지만 꼴찌를 한다
그의 순수한 우정과 낭만은
자유를 억압하는 학교 제도와 맞선다
사람들의 명예욕에 짓눌리다가
결국 하일러는 퇴학 당하고
한스는 신경쇠약으로 고향에 돌아와
이루어질 수 없는 사랑을 깨닫는다
에마 부인을 포기하며
부근 공장의 기계 견습공이 된다
학생들이 소풍을 간 어느 날
한스는 강변에서 시체로 발견된다
학교의 커다란 제도의 수레바퀴에 깔린 희생자

그 인생은 우리에게도 무거운 숙제다
생에는 지독하게 기계 냄새가 난다.

가을 여수

여자를 보내고 난 밤
창밖 갈매 소리 몇 소절
에메랄드 뜰에 짝을 부른다

나는 한 단씩 여행 짐을 꾸리고
이별의 자동차에 싣는다

달빛에 사귀며 풀다가 둔
2박 3일의 숙소 앞에
섬섬 타오르는 바다의 옥수가 난타한
피아노 한 대 울고 있다
오늘은 내가 떠나는 날이다

몰래
언덕의 시계풀에 잠복하는 해조음이
흑피리 위에 깨끗하게 앉았다

배를 타고
뱃고동을 타고
전망대 위에 눈 감기우는 헨델 찻집

교향곡 10번을 지고 오르면

나의 여수는 굵은 눈물 밭이다.

목련이 지는 날

목련이 진다
철 지난 그대와 슬픔을 안고
떨어지는 꽃잎들에 번진 사랑들

비애의 목련이 눕는다
희게 감싸 안기는 우울
담 밖에 부풀은 전나무 사이

그대 이별의 목련이 진다
사랑을 진 무게 한 꺼풀씩 벗기고
헤어져 오다 만난 소나기처럼
저녁 언덕을 쓸고 간
두꺼운 세월의 책을 읽는 등불 곁엔
젖은 회색의 눈들

목련이 지면
그대는 머물지 않는다
배고픈 날이
떠오른 흰밥 공기처럼 춥고 쓰리다.

노창수의 시세계

바람과 꽃과 소설의 감각

이재훈

노창수의 시세계

바람과 꽃과 소설의 감각

이재훈
(시인)

　문학의 감수성은 꽤 오랫동안 자연의 대상에 의지해왔다. 자연의 위의威儀가 주는 지혜와 성찰, 그리고 숭고의 미학은 여전히 문학적 대상의 가장 큰 지분을 차지하며 우리들에게 웅혼한 감성의 세계를 전달해준다. 하지만 우리 삶은 이러한 자연의 세계에서 한층 벗어나 있다. 빌딩과 아스팔트 사이, 건물과 건물 사이, 지하와 지상 사이, 소음과 매연 사이를 위태롭게 오가며 자연을 그리워하는 시간들로 겨우 감수성을 지탱하며 살아간다. 이때의 자연은 우리 몸에서 체감한 경험적 자연이 아니라 먼 곳의 기억과 그리움과 같은 막

연히 대상화된 자연과 가깝다. 또한 실제로 자연을 체험하고 즐기려면 일정한 비용을 지불해야 가능해지는 삶이 되었다.

 우리가 공경해야 할 삶의 가치는 무엇일까. 수전 손택은 『해석에 반대한다』(이후)에서 인문 문화와 과학 문화 사이의 틈과 그 간극의 정체에 대해 "인문 문화가 내면화, 영양섭취 —다른 말로 하면 교양—를 목표로 삼고 있다면, 과학 문화는 주어진 문제에 정통할 수 있는 특별한 기술과 복잡한 도구를 축적하고 구체화한다는 목표를 갖고 있다"고 말했다. 수전 손택은 가장 중요한 점은 문화의 충돌이 아니라 새로운 감수성의 탄생이라고 지적한다. 자연 혹은 일상을 바라보는 새로운 감수성의 발견을 저마다 이루어내는 것이 중요한 가치가 아닐까.

 우리의 실제 삶은 비언어적 소통 방식에서 다시 언어적 소통 방식으로 변화하고 있으며, 실제 목소리를 통한 소통에서 온라인을 통한 소통 방식으로 변화되고 있다. 노창수는 이러한 흐름 속에서 변화되는 감성의 면목들을 하나씩 채집해 시의 현장으로 이끌어내고 있다.

> 시골 하늘에 자러 가는 걸 깜빡해버린
> 콩비지 같은 달 하나 걸려 있다
> 아침에야 빛바랜 너울을 쓴 그다
> 날씨, 필라델피아 크림치즈 같은 뭉게구름
> 그건 참으로 그림, 아니 시답다

눈은 바다에서 봐야 제맛,
이번 주말엔 어디로 갈까요

정말이지 실시간으로 늙는 게 느껴진다
정장이 마려운 30대 후반처럼,
지금 시간엔 아마도 텅 빈 나홀로 집에
아내는 설거지를 마치고
청소기 돌리고 걸레질에 손빨래를 하겠지

낮참이 부드럽다 샌드위치와 함께
사랑하는 그녀를 부를까 늦봄의 외박처럼
아니다, 따뜻한 아메리카노
나, 달보다 먼저 이제 자러 간다
낮, 까불지 마 조용히 해라.

─「소설에 빠지고, 낮」 전문

  노창수의 이번 시집은 다채롭고 새로운 감각으로 일구어져 있다. 그 감각은 자연에서 얻어온 경험의 산물로서의 감각과 이제 막 길어 올린 문명적 감각이 시 속에서 혼재되고 융합되어 독특한 분위기를 연출한다. 위의 시도 '소설'이라는 문명적 개념어와 '낮'이라는 시간적 의미가 융합되어 현재 실시간으로 소비되어지는 시간의 운명을 재빠르게 소화하고 있다. 가령 "콩비지 같은 달"이라는 표현은 우리 공동체의 농경사회에서 겪었던 방식의 비유이다. 하지만 그 이

후에 이어지는 "필라델피아 크림치즈 같은 뭉게구름"은 전혀 다른 현대적 비유인 것이다.

노창수에게 "시답다"는 표현은 아마 이러한 의미체계에서 기인한 것은 아닐까. 1연에서 보여주는 달과 아침 사이의 시간은 2연에서 '실시간'으로 바뀐다. 소설의 세계에서는 늙는 것마저도 실시간으로 느껴질 수 있다. 시인에게 시간의 개념은 이렇게 발 빠르게 가슴에 와 닿는다. 늙음마저도 실시간으로 느껴지는 시간 속에서 시인은 여전히 일상의 시간을 건딘다. "아내는 설거지를 마치고/ 청소기 돌리고 걸레질에 손빨래를" 하는 일상의 모습은 이러한 소설의 세계에서도 자신이 체감하는 시간의 흐름을 놓치지 않겠다는 의지의 반영이다. 마지막 연에서 시인은 다시 현재의 자아로 되돌아간다. 달보다 먼저 자러가겠다는 말을 통해 낮을 맞이하려는 시인의 예비된 모습이 달과 함께 오버랩되면서 시는 종결한다.

>
> 접접한 더위를
> 모시옷 틈으로 넣자
> 선 선, 선선히
> 저도 쫓기는지 서늘함을 꾸어준다
> 염천을 건디다 낡은 선풍기를 트니
> 바람몰이가 긴 망토 위로
> 사정없이 쌓인 체온을 몰아내듯
> 찌질찌질 총질이다

방 사람은 모두 울퉁불퉁

세게 쏘지 않는다고 투정을 부리고

제 버릇 바로 고쳐준다고 탕 탕 탕

더위보다 더 법석이다

장마를 지낸 오랜 방에서는

누가 던졌는지 줄 바람총에

미친 초상화들이 다 날리고

서둘러 그를 잡아다가

창 앞에다 옮기는 사이

은행나무 벽으로 튀는

긴 총잡이들

바람, 람보다!

―「바람 람보」 전문

　새로운 감성을 찾고자 노력하는 노창수의 시적 수사 가운데 눈에 띄는 것은 유머와 풍자이다. 대상을 새롭게 바라보는 방법론은 여러 가지인데 그중에서도 새롭고 재미있는 비유를 통해 그동안 깨닫지 못했던 의미를 전달해주는 것은 중요한 방법론이다.

　노창수는 일상의 여러 평범한 순간들을 놓치지 않고 그 장면을 유머러스한 비유의 순간으로 대체하고 있다. 더위를

식히는 선풍기는 한여름에 흔하게 볼 수 있는 장면이다. 시에 등장하는 선풍기는 낡은 선풍기라서 제법 소리가 많이 난다. 낡은 선풍기의 소리를 시인은 "총질"이라고 비유하고 있다. 그것도 "찌질찌질 총질"인 것이다. 선풍기가 총질하는 람보로 둔갑하는 순간, 선풍기는 한여름의 흔한 공간을 새롭고 특별한 공간으로 탈바꿈된다. 람보는 일반인들과 다른 강력한 힘의 상징이다. 권력을 가진 그 어떤 이도 람보 앞에서는 연약한 존재로 남는다. 하지만 시에서의 람보는 다르다. 사람들에게 총질을 해대지만 사람들은 "세게 쏘지 않는다고 투정을 부리"거나 "제 버릇 바로 고쳐준다고 탕 탕 탕" 때리기만 한다.

또 다른 공간은 "장마를 지낸 오랜 방"이다. 장마로 인한 습도 때문에 선풍기를 어느 때보다도 많이 사용했을 것이다. 그렇기에 "바람총"을 쏘고, 그 총으로 인하여 "미친 초상화들이 다 날"린다. 급기야 람보를 잡다가 창 앞으로 옮긴다. 옮기는 중에도 은행나무 벽으로 총질을 해댄다. 이 시에서 눈여겨 볼 것은 람보가 쏘는 것이 사람을 위해하는 총이 아니라, '바람'이라는 점이다. 바람은 사람을 위해하는 존재가 아니라 무더위에 지친 사람을 시원하게 도와주는 존재이다. 시원하게 해주는 바람을 쏘는 행위의 주체는 '람보', 즉 낡은 선풍기이다. 낡은 선풍기를 통해 우리는 바람의 소중함을 느낄 수 있고, 그것을 쉽게 지나치지 않고 한 번 더 생각해 볼 수 있는 것이다.

녹색혁명이다

적진 깊숙이 핏발 선 성벽을 타고
화살처럼 꽂힌 꼿꼿한 한 방울

십자군 전쟁이다

함성을 물고 퇴각하는 노을
전나무 숲이 베어져
칼 빛에 칭칭히 반사된다

호기심에 불사르는 비스마르크식 수염
꼬부라지는 팔의 항복
어젯밤 하찮은 전쟁을 잊고
아침엔 기똥찬 풍경들

그래, 눈이 뱉어낸 중독.

─「안약」전문

  노창수의 재미있는 감각은 위의 시「안약」에서도 두드러진다. 안약은 '녹색혁명'으로 비유되고 있다. 이러한 은유는 '눈'이라고 하는 시각적 매개물의 중요함과 그것을 치유하는 '안약'이라는 특수한 매개체가 만나면서 '혁명'이라는 전복적 순간을 만들어낸다. 병에 걸린 눈의 모습은 아주 섬세히 비유되고 있다. "적진 깊숙이 핏발 선 성벽"이라든지 "함성을 물고 퇴각하는 노을"은 붉게 충혈된 눈의 모습을 실감나게 보여준다. "화살처럼 꽂힌 꼿꼿한 한 방울"의 안약은 "전나무 숲이 베어져/ 칼 빛에 칭칭히 반사"되게 하는 결과를 낳는다.

결국 안약으로 인해 "어젯밤 하찮은 전쟁을 잊고/ 아침엔 기똥찬 풍경들"을 맞이할 수 있게 된다. 시인은 그것을 "눈이 뱉어낸 중독"이라고 말한다. 눈에 병이 들어 안약을 사용하는 과정은 고통의 시간이지만 안약으로 인해 새로운 세계를 경험할 수 있는 것은 '중독'에 가까운 일인 것이다.

    아무래도 쓸데없는 욕심
    빈터에 버려진 가구를 챙겨 오다
    이웃 노인에게 들킨다
    쯧쯧 어디다 쓰려누
    순간, 비참해진다

    헌 그릇을 내다 버리다가
    관리인에게 들킨다
    여보슈 신고할 테유
    물컹, 어쩌자고!

    버린 것을 줍다 들킬 때와
    남몰래 버리다 들킬 때

비굴 몇 점이 운다

확, 썩은 굴비 맛이다

가벼워져야 할 시대에

무거운 언저리를 사는

머저리가

척, 이토록 밉다

투우 툭,

저울 눈금이라도 주저앉힐까

채를 잡아 두드린다

허나, 장고는커녕

그마저 고장이다.

— 「감량 실패기」 전문

 시인은 버려야 할 때와 주워야 할 때를 경험한 후, 그것이 모두 욕심이며 결국 '비굴'을 느끼게 한다는 것을 구체적 삶의 경험을 통해 들려준다. 서민들 중에 누구나 한번쯤은 바깥에 버려진 물건을 주워 온 경험들이 있을 것이다. 반대로 물건을 내다 버린 적은 더 많을 것이다. 시인은 "빈터에 버려진 가구를 챙겨" 오거나 "헌 그릇을 내다 버린" 경험을 한다. 버리거나 줍거나 모두 '비굴'을 느끼게 한다. 시인은 그 마음의 감각을 "확, 썩은 굴비 맛"으로 비유하고 있다. 이러한 단순한 경험은 가벼워져야 할 시대를 성찰하게 한다. 너무 무거워서도 가벼워서도 안 되는 우리 삶의 욕망과 세상

욕망의 무게가 온몸으로 다가오는 시이다. "가벼워져야 할 시대에/ 무거운 언저리를 사는/ 머저리"들이 바로 우리들이다.

 이러한 모습들은 "출전을 두고 거머쥐는 쟁투의 약속"에서도 드러난다.(「야, 출전 후」) "합숙소 현관 앞에 남은 낡은 축구화"는 열심히 살아간 땀의 흔적을 고스란히 보여준다. 이런 모습을 보며 "울컥, 황토 가루 묻힌 목울대가 속수무책 울고 있다"고 느끼는 시선에서 가녀리고 아픈 존재에 특별한 감성을 갖고 있는 시인의 태도를 이번 시집에서 자주 목격할 수 있다.

   숲이다
   벌레 쪼는 소리 들린다
   문 열면 차오르는 새소리들
   찌익찌익 거미 잡는 소리
   쏘옥 쏙쏙 구멍 파는 소리
   쑤우꾹 쑤꾹 산 아래로 아래로
   누군가를 보낼 듯 띄워야 하나 보다
   새에 색 색 제 어미를 보채듯
   휘릭휘릭, 삐리익 삐릭
   헤어진 동무 만나 동우리 즐기듯
   째 짹, 가아각 가각
   하늘 가린 소리만 있을 뿐
   들어서 무슨 새인가 알면 좋겠다

자기 소리로 시 쓴다고 엿보았을까

대나무 잎에 앉은 놈이 알고 휘익 난다

깍 깍 깍 우듬지 끝 까치도 한참이다

말총새는 상수리나무 가지에

제 자리를 예쁘게 틀고 있다

밤골 길로 무명새 한가하게 뛰는

도시에 벗어난 숲속 길

시차적 화음도 고와

숲에 떨친 목걸이 중 하나를

이제 나도 걸 차례인가 보다.

　　　　　－「새소리에 거는 목걸이」 전문

　시의 표제인 "새소리에 거는 목걸이"라는 표현이 감각적이다. 위의 시는 청각적 감각이 시 한 편에 가득 차 있다. 시인의 귀는 가늘고 여린 새의 여러 가지 소리에 집중하여 그 소리들을 섬세하게 각각의 방식으로 표현해낸다. 숲에 들어찬 많은 소리들 중에 새소리에 집중하여, 마치 즐기듯 새소리의 여러 양태들을 따라가고 있다. "벌레 쪼는 소리", "거미 잡는 소리", "구멍 파는 소리", "하늘 가린 소리" 등의 새소리를 시 안으로 가져온다. 또한 "찌익찌익" 등처럼 의성어는 소리를 더욱 선명한 이미지로 전달하는 데 효과적 역할을 하고 있다.

　이 시의 전환점은 "자기 소리로 시 쓴다고 엿보았을까" 하는 대목이다. 새의 소리를 받아 적는 시인의 시각을 실제 새가 들었을 리는 만무하다. 하지만 잎에 앉은 새들이 날아가는 장면을 보고 시인은 그렇게 느끼고 있는 것이다. 까치와 말총새와 무명새도 제각각 자신의 자리에서 제자리를 지키고 있다. 이렇게 갖은 소리와 새들의 어우러짐이 숲속을 가득 메우고 있는 풍경을 시인은 조화롭게 묘사해내고 있다. 시인이 걸고 싶은 목걸이는 새소리와 숲의 모든 소리가 화음을 이루는 소리의 목걸이가 아닐까.

    제주도 회의에 참석했다가 공항 면세품 가게에서
    샤넬 향수를 샀다 그녀와 약속을 맺기 위해서

    우리는 버릇처럼 사물에 냄새를 맡아왔다
    앙증맞은 디자인에 향이 자극적이지도 않다

    은은한 품격의 의미로 부심한 내 선물
    뿌리고 오면 가까이 그녀가 도착함을 안다

    신변 불안한 요란한 옷보다 향이 확인되면
    그녀와의 만남이 의미 있고 분명해질 게다
    만나는 암호는 이제부터 샤넬 넘버 파이브

    누구냐?
    — 샤넬
    암호는?

> — 넘버 파이브
> 어둠 속에서 위장한 두 사람이 희끗 웃는다.
> ─「샤넬 넘버 파이브」전문

시인의 감각은 후각에까지 다다른다. 샤넬 넘버 파이브는 유명한 향수 브랜드이다. 어떤 사물을 처음 대할 때, 가장 먼저 냄새를 맡는 습관들이 있다. 더군다나 그 물건이 향수일 때는 두말할 나위 없다. 향수라는 후각적 감각을 통해 '나'와 '그녀'는 하나의 관계맺음을 한다. 나와 그녀는 향수를 통해 하나의 암호가 생긴 것이다. 서로를 확인하고 인지하는 암호로 인해 어둠 속에서도 희끗 웃는 웃음을 발견할 수가 있다.

> 사람들을 피해
> 도토리나무도 보란 듯
> 발자국이 깊어지는 아침
> 한밤 내 울었던 소나무 숲을 보며
> 아끼는 듯한 등성길은 더 조심스럽다
>
> 여기저기 잘린 장애의 나무가
> 사람들 너스레 틈에서 안쓰럽다
> 피를 흘리는 숲
> 그랬던가 어젯밤 문풍지 곁에서
> 내내 소릴 지르던 이유를 나 알겠다

잿빛 청설모가 보금자리를 잃고
　　햇빛 피해 적멸인 양 방황하더니

　　이제야 구청 사람들의
　　그 잔인한 횡포를 알겠다

　　이쯤에 오면 항용 자작나무 숲은 깊고
　　이슬 줍는 구름 속엔 듯 바람이 높다
　　명징한 숲을 향해 흘러가는 길
　　진진한 유충 알갱이가 쏟아진다
　　휘파람을 타고 비도 내린다

　　아름다운 휘저음
　　멈출 줄 모르는 피가 있어 다 시원하다
　　내쳐 구르던 발에 급브레이크
　　찔레 덤불에 걸렸나보다

　　슨슨히 털며 일어서자 꽃잎이 묻었다
　　아 정강이에 핀 운암산 찔레꽃.
　　　　　　　　　　─「운암산 찔레꽃」전문

　위의 시는 모든 사물들이 의인화되어 시의 화자와 소통을 주고받는 역할을 하고 있다. "도토리나무"는 사람들을 피해 깊은 발자국을 남기며 아침을 맞이한다. 소나무 숲은 한밤 내 울었다. 이러한 아침의 산길을 시의 화자는 아끼며 걷는다. 하지만 산의 속살을 살펴보면 만만치 않다. 나무들은 여기저기 잘려 장애를 안고 있다. 숲은 피를 흘리고 있는 것이다. "피를 흘리는 숲"이란 표현으로 왜 소나무 숲이 한밤 내 울었다고 하는지가 해명된다.

시인 또한 그 고통의 신음을 들었다. "어젯밤 문풍지 곁에서/ 내내 소릴 지르던 이유를" 알겠다고 고백한다. 그 고통의 숲에서 청설모가 제대로 살 수 없다. "보금자리를 잃고/ 햇빛 피해 적멸인 양 방황"하고 있다. 시인은 여기서 숲을 고통으로 이르게 하고, 이것을 방치한 책임자는 우리 '인간'임을 직시한다. "구청 사람들의/ 그 잔인한 횡포"를 깨달은 것이다.

하지만 이러한 인간의 탐욕에도 불구하고 자연의 생명력은 쉬지 않고 숨 쉰다. "명징한 숲을 향해 흘러가는 길"에는 "진진한 유충 알갱이가 쏟아지"는 것이다. 새롭게 비상할 나비와 온갖 곤충의 알들은 자연이 아직 죽지 않고 새로운 생명력으로 회복하려는 몸짓을 상징한다. 시인은 결국 하나의 시적 순간을 통해 온몸에 징표를 남긴다. "찔레 덤불에 걸린" 시인은 넘어져서 일어서자 정강이에 꽃잎이 묻었다. 그 꽃잎은 무엇인가. 운암사의 찔레꽃은 시인의 정강이에 표식을 남기는 것으로 생명의 전이를 이루어내고 있다. 생명의 목소리는 시인의 몸을 통해 깊게 각인되었다.

노창수는 이번 시집을 통해 새로운 감각적 경험이 어떻게 일상 속에서 재배치되는지를 보여주었다. 그 일상의 변주 속에는 쉼표를 사용한 머뭇거림의 어조, 감각적인 의성어 사용, 풍자 등의 다양한 수사법이 제시되었다. 결국 시인의 가고자 하는 길은 운암산에서 넘어져 정강이에 달라붙었던 찔레꽃의 길이 아닐까. 누군가에게 어떤 의미가 되어 오래 기억된다면 그것만큼 소중한 일이 어디 있을까. 앞으로도 노창수의 시를 통해 자주 그러한 장면을 목격하리라 생각한다.

| 노창수 |

1948년 전남 함평 출생. 조선대학교 대학원 국어국문학과 졸업(문학박사).
1973년 『현대시학』 시 추천, 1979년 『광주일보』 신춘문예 시 당선,
1990년 『한글문학』 평론 당선, 1991년 『시조문학』 시조 천료로 등단하였다.
시집으로 『거울 기억제』, 『배설의 하이테크 보리개떡』, 『선 따라 줄긋기』
『원효사 가는 길』이, 시조집으로 『슬픈 시를 읽는 밤』, 『조반권법』이,
저서로 『한국 현대시의 화자 연구』, 『반란과 규칙의 시읽기』
『사물을 보는 시조의 눈』 등이 있다.
한글 문학상, 한국시비평문학상, 광주문학상, 현대시문학상,
무등시조문학상, 한국아동문학작가상, 한국문협작가상 등을 수상했고,
광주문예진흥기금을 수혜했다.
한국시조시인협회 부이사장, 광주시문인협회 회장을 역임했고,
현재 한국아동문학평론분과 위원장이다.
현재 조선대, 광주교대, 남부대에서 창작론과
국어교육 등을 강의 중이고, 광주예술영재교육원 심의위원장이다.

이메일 : rhochang@hanmail.net

붉은 서재에서 ⓒ 노창수 2015

초판 1쇄 발행 · 2015년 9월 30일
2판 1쇄 발행 · 2025년 11월 5일

지은이 · 노창수
펴낸이 · 이선희
펴낸곳 · 한국문연

서울 서대문구 증가로29길 12-27, 101호
출판등록 1988년 3월 3일 제3-188호
편집실 | 서울 서대문구 증가로31길 39, 202호
대표전화 302-2717 | 팩스 · 6442-6053
디지털 현대시 www.koreapoem.co.kr
이메일 koreapoem@hanmail.net

ISBN 978-89-6104-405-9 03810

값 13,000원

* 잘못된 책은 바꾸어 드립니다.